ES 3922

AF328242

L'INDUSTRIE EXTRACTIVE DU CAOUTCHOUC

ET

LA CULTURE DE L'ARBRE GOMMIFÈRE

BIBLIOTHÈQUE NATIONALE — R F — IMPRIMÉS

8° S

13922

DÉPÔT LÉGAL
No Seine 569
1911

BRÉSIL
ASIE - MALAISIE - AFRIQUE

L'INDUSTRIE EXTRACTIVE DU CAOUTCHOUC

ET

LA CULTURE DE L'ARBRE GOMMIFÈRE

ÉTUDE COMPLÈTE

MM. R.-G.-Henriette de LAFORGE

AUTEURS DES OUVRAGES :

La Vérité sur le Brésil. — Aux Pays de l'avenir
Sociétés Françaises et Étrangères au Brésil, etc.

Prix : **2** francs

1911

PRÉFACE

Au moment où des financiers étrangers engagent des capitaux considérables dans l'industrie encore nouvelle, mais de jour en jour plus florissante ; « la culture du caoutchouc », il nous a paru intéressant de placer sous les yeux de tous les français une étude complète sur l'industrie extrative du caoutchouc et sa culture.

Le développement surprenant — et en voie de constante progression — de ses récoltes, de son commerce de son industrie et de ses ressources de toute nature, représentent le gage certain du magnifique avenir réservé à cette industrie.

Au Brésil et au Congo on a profité des hauts cours pour exploiter sans aucune méthode les estradas qui demandaient au contraire à être minutieusement organisées ; on s'est jeté sur les parties riches à tort et à travers afin de diminuer le prix de revient. On n'a fait aucune organisation sérieuse, on a abattu seulement ce qui était bon et facile à prendre ; finalement on a tellement saccagé les exploitations que déjà beaucoup sont sur le point d'être momentanément abandonnées. On trouve, dans de telles conditions, qu'il est urgent de pourvoir au repeuplement par une culture rationnelle de l'arbre à caoutchouc et ainsi s'y établir avec les éléments nécessaires pour obtenir une production intense. Il s'agit de modifier du tout au tout les procédés rudimentaires actuels.

Il faut donc espérer, que les plantations caoutchoutières viendront rétablir l'équilibre et prendront le développement que la richesse du sol, la salubrité du climat permettent de légitimement espérer.

L'obstacle qui pourrait survenir ne viendra certainement pas des pays producteurs, mais de ceux qui veulent exploiter ces véritables mines d'or. Pour éviter cela il ne faut plus se livrer à la spéculation stupide et ridicule tant à la hausse qu'à la baisse.

Certes il est fort naturel, lorsqu'on se trouve en présence de belles perpectives d'avenir — et c'est incontestablement le cas ici, — d'être enclin à escompter cet avenir. De là à faire monter la valeur d'un titre, lorsqu'il a été créé, il n'y a qu'un pas qui est franchi facilement.

Mais dans cette marche vers l'espoir et les bénéfices futurs, il y a des limites qu'il serait imprudent de dépasser. On s'exposerait, par trop d'emballement, à des chocs en retour dont la répercussion pourrait être formidable et atteindrait non seulement les coupables, mais surtout les innocents, qui eux, ne se seraient pas lancés à l'aventure et travailleraient sagement. C'est ce que quelques experts sages craignent de voir se produire pour le mouvement de certaines exploitations.

Si l'on agissait ainsi, on pourrait craindre que le public qui, après tout, n'est pas aussi bête que les lanceurs d'affaires veulent bien le dire, ne s'aperçoive un jour qu'il a été estampé, et qu'alors, aussi entêté et résolu dans son mouvement de défiance qu'il aurait été crédule dans son enthousiasme, il ne se désintéresse complètement du mouvement.

Si l'une ou l'autre de ces hypothèses se réalisait, c'est-à-dire s'il y avait emballement trop grand, ou abstention systématique, se serait injuste et désastreux pour les pays producteurs.

Les nouvelles lois de l'Etat du Para qui ont été mises dernièrement en vigueur et dont on trouvera le texte à la fin de cette brochure, accordent de grands avantages aux entreprises pour la plantation et la culture des arbres à caoutchouc.

Ces mesures législatives sont d'un grand intérêt pour les Sociétés qui désirent s'installer dans ces pays.

R. H.

LE CAOUTCHOUC

CHAPITRE 1

Ses emplois multiples. — Dépréciation des cours. Son avenir.

L'on sait combien, depuis dix ans, la consommation européenne du caoutchouc a grandi. Dans l'État actuel de notre industrie, ce produit tropical a pris une importance exceptionnelle, et aujourd'hui c'est une nécessité pour elle de s'en procurer des quantités considérables. Nous sommes ainsi devenus tributaires de certaines contrées de l'Asie, de l'Afrique et principalement du Brésil.

De bons esprits ont pensé qu'il importait de vulgariser et d'étendre la culture et l'exploitation de l'arbre gommifère un peu partout, pourvu bien entendu que ces pays parvinssent à le produire dans de bonnes conditions de qualité et de prix.

Dans ce petit travail nous voulons relater, aussi simplement et aussi fidèlement que possible, tout ce que nous avons vu et appris au cours de nos voyages, sur ce qui concerne l'arbre à caoutchouc.

Nous insisterons, à dessein, sur les détails tant de l'extraction du latex, que de la production de la gomme, que de la vente, classification et de la culture de la plante.

Nous estimons que, dans toute branche de l'agriculture, de l'industrie ou du commerce, les détails sont les documents les plus intéressants et parfois même les plus importants. Tous ceux qui, ne connaissant une question que d'une manière vague, veulent scruter le fond des choses, peuvent, par les détails, satisfaire leur juste curiosité, combler les lacunes de leur savoir et puiser des renseignements utiles.

Personne n'ignore le rôle important et même nécessaire que joue actuellement dans le monde entier le caoutchouc manufacturé. On le voit partout : dans le biberon des nouveaux-nés, aussi bien que dans les pneumatiques des automobiles. Il est même rare de trouver une machine grande ou petite, où le caoutchouc n'entre pas pour une part plus ou moins large.

Si le prix de ce précieux produit n'était pas relativement aussi élevé, ses usages se multiplieraient à l'infini.

Déjà il est question d'en paver les rues des Villes ! Que de nouveaux et grands services seraient alors rendus à l'industrie.

Les colonies peuvent produire et nous envoyer en Europe du caoutchouc brut autant qu'ils le pourront sans crainte d'en voir les marchés encombrés.

Toujours cette matière trouvera facilement et utilement son écoulement. Nous pouvons même affirmer que si on ne se mettait pas à planter des arbres gommifères, la production de la gomme devrait fatalement diminuer.

Malgré toutes les lois et tous les réglements, les extracteurs, excités par l'appat d'un lucre plus fort n'hésitent pas à abattre les arbres des forêts vierges ou à les mutiler horriblement pour en extraire sur le champ le plus de lait possible.

Il doit donc paraître étrange, étant donnés les emplois

multiplés de la gomme, si absolument indispensable à l'industrie moderne, que le caoutchouc ait subi, il y a deux ans une dépréciation que rien ne peut expliquer, sinon les

BOULE DE CAOUTCHOUC PESANT 260 KILOGR.

agissements de la spéculation. La consommation a doublé en France, en Italie ; elle a décuplé en Allemagne et en Belgique, pendant qu'en Angleterre et aux États-Unis elle est restée stationnaire.

Il est notoire qu'en raison de la pénurie du produit sur

les marchés, les industriels recourent à l'expédient qui consiste à acheter les objets en caoutchouc vieux ou hors d'usage, pour les employer comme matière première pour la fabrication d'autres articles.

Le commerce du caoutchouc, avait été arrêté par des circonstances analogues à celles qui ont entravé celui du café, en raison d'une organisation défectueuse et de difficultés qui provenaient du besoin d'argent du producteur pressuré et exploité par l'intermédiaire étranger qui s'impose par suite du manque de contact direct et étroit avec le consommateur. Jusqu'ici l'industrie extrative du caoutchouc enrichissait seulement quelques douzaines d'exportateurs nord américains, allemands et anglais, les seuls qui aient un réel profit, sans laisser de bénéfices pour le producteur. Ces intermédiaires truquent la classification des diverses qualités du produit, suivant leur bon plaisir, ou mieux, selon leur intérêt, ils établissent les prix à leur plus grand profit et se servent de tous les prétextes pour une spéculation effrénée.

Ils parviennent ainsi à faire passer des millions des poches des producteurs dans les leurs.

On commettrait certes une grave erreur en supposant qu'il y a surproduction, attendu que l'industrie s'occupant de cette matière se développe d'une façon extraordinaire.

Je n'en veux d'ailleurs qu'une preuve : La consommation mondiale, atteint en 1910 76.000 tonnes, alors que la production s'élève à 73.000 tonnes ! ! !

Je veux bien admettre que le krack des Etats-Unis qui a causé un arrêt sur les marchés européens a eu une répercussion sur le commerce du caoutchouc brésilien; mais cette répercussion n'a pu avoir une influence suffisante pour déprécier les cours de plus de 100/100 comparés à ceux actuels.

Les Etats-Unis avaient emmagasiné de grandes quantités de caoutchouc, et la spéculation voulait hausser les cours. La crise survenant en 1907, 80 usines utilisant ce produit durent fermer leurs portes. De fortes maisons suspendirent leur paiement et le stock fut jeté sur le marché à des prix

UNÉ FORÊT VIERGE

très bas. On m'objectera de suite que la consommation absorbant la production cette baisse ne devait être que momentanée ; c'est exact, mais les baissiers toujours à l'affut du moindre incident, voulurent profiter du moment d'affolement des producteurs exportateurs.

Depuis plusieurs années de grandes firmes des Etats-Unis faisaient des avances aux extracteurs, pour alimenter les magasins et le transport de la gomme au port le plus rapproché. Ces avances étaient payées par la remise de boules de caoutchouc, fin de la récolte. On conçoit le trouble qu'est venu apporter à toute l'industrie caoutchoutière une crise financière aussi aigüe que celle des Etats-Unis.

Les Banques prirent peur et serrèrent les cordons de la bourse. C'est ainsi que plusieurs exploitations, en très bonne posture, étaient forcées de vendre leur cargaison à tout prix et réduire l'extraction, même l'arrêter.

Pour ce qui est du Brésil, le gouvernement comprenant la nécessité d'intervenir, a ouvert l'an dernier une succursale de la Banque de l'Etat à Belem (Para).

Cette agence vient en aide aux extracteurs, en leur prêtant à un taux très modéré, les sommes nécessaires, sur la garantie de la récolte. On constatera que dans de pareilles conditions, le prix de la gomme ne pourra plus être sujet à ces spéculations, à ces crises des Etats-Unis.

Quant aux Sociétés importantes, elles doivent être en mesure de pouvoir disposer d'un important fonds de roulement pour éviter le retour de pareille situation.

Il faut donc supprimer les intermédiaires dont l'intervention grève si lourdement et si malheureusement le commerce du caoutchouc, et le vrai moyen est bien celui qu'a employé le gouvernement Brésilien par la création d'agence de la Banque du Brésil ou bien encore par celui qui consiste à créer des coopératives.

On arrivera ainsi à ce que le prix obéisse à une relation juste entre l'offre et la demande, sans le moindre dommage pour le producteur et mettent dans leurs poches le plus clair des bénéfices réalisés, toujours par eux seuls.

Puisque l'actualité appartient au caoutchouc, nous avons entrepris une œuvre de vulgarisation pratique; nous conduirons nos lecteurs au milieu des seringaes pour leur faire connaître, les diverses espèces d'arbres à caoutchouc et les

diverses variétés desquelles la précieuse gomme est extraite.
Nous nous proposons de dépeindre l'existence pénibles des
chercheurs de caoutchouc ; nous indiquerons les procédés
d'extraction et d'élaboration des différentes sortes de
gomme, ainsi que les méthodes les plus rationnelles en
usage dans les plantations d'hévéas d'Asie et de Malaisie ;
ces méthodes, si elles étaient employées dans l'Amazone,
comme le désireraient d'ailleurs les gouvernements des
États producteurs, fourniraient un produit supérieur peut
être à tous les caoutchoucs de plantation, même les mieux
préparés.

CHAPITRE II

Les arbres a caoutchouc. — Diverses sortes d'Heveas. — Le Tapuru. — Le Caucho. — La Dycra Costulata.

Le Brésil est vraiment un pays merveilleux par ses richesses naturelles. Dans cette Républiques favorisée les arbres produisent une substance qui se change rapidement en or, substance qui n'est autre que le caoutchouc. Les rives de l'Amazone sont couvertes de très riches forêts qui s'étendent de la côte jusqu'à Manaos et de là jusqu'à Iquitos dans le Pérou, forêts qui sous les tropiques sont inépuisables en raison même de la végétation extraordinaire que l'on y rencontre.

L'extraction du caoutchouc constitue la plus importante des industries extratives du Brésil. C'est une des principales sources de richesse du pays; elle figure au second rang aux tableaux statistiques de l'exportation; sa valeur n'est dépassée que par celle de l'exploitation agricole du caféier.

Les Etats du Nord du Brésil ont été jusqu'ici les grands producteurs du caoutchouc connu dans le commerce sous la dénomination de caoutchouc de Para. Sa production a suivi une marche ascendante et la statistique peut nous donner une idée approximative des fortunes réalisées par

BIBLIOTHÈQUE NATIONALE IMPRIMÉS

les « récolteurs » de caoutchouc. Le Brésil exportait, en 1827, 31.365 kilogrammes de caoutchouc, en 1847, il a exporté 624.690 kilogrammes ; en 1867, il a exporté 5.826.802 kilogrammes ; en 1887, il a exporté 13.390.000 kilogrammes et en 1910 il a exporté plus de 43 millions de caoutchouc. L'extraction est donc, actuellement, plus de mille fois plus importante qu'il y a quatre-vingts ans.

Le Brésil fournit d'ailleurs, à lui seul, les trois cinquièmes de la consommation mondiale. Le caoutchouc, **rubber** des anglais, connu au Brésil sous le nom général de Borracha, est un carbure d'hydrogène, existant en granulations blanches suspendues dans le latex qui circule en des vaisseaux spéciaux diversement distribués dans les organes de certaines plantes.

Malgré le grand nombre d'exploitations, il existe encore dans les vastes forêts du bassin de l'Amazone une réserve immense d'arbres inexploités. A ces arbres, il faut ajouter des lianes et des plantes très variées qui donnent aussi de la gomme. Nous ne signalerons ici que les principaux producteurs de latex, dont la coagulation forme le caoutchouc.

Les principaux sont appelés Seringueiras, ce sont des arbres du genre Thevea et de la famille des Euphorbiacées. Leurs espèces croissent dans la zone équatoriale, une énorme région, dont la superficie est estimée à un million de milles carrés, près de la moitié de la superficie de l'Europe. Les Héveas sont de grands arbres de 25 à 30 mètres de haut. Leur diamètre atteint quelquefois 1 mètre, mais leur circonférence est le plus souvent de 1 m. 50 à 2 m. 50. Leur ramification est faible et ne commence qu'à une grande hauteur.

Les feuilles tombent au mois de juin, mais elles sont aussitôt remplacées par d'autres qui ne tardent pas à atteindre la même taille. L'enveloppe qui contient les graines éclate en produisant une légère détonation ; elles sont projetées a quelque distance ; le hasard se charge seul de la reproduction.

On le rencontre dans les États du Para et de l'Amazone, ainsi que dans le territoire de l'Acre, depuis la vallée du

HÉVÉAS INCISÉS

fleuve Purus, jusqu'à celle du fleuve Jurua. On en trouve également dans les États de Matto Grosso, Maranhâo et Piauhy.

Tous les heveas possèdent du latex en abondance, mais ce latex est de valeur différente, sous le rapport de la proportion de caoutchouc et de la valeur de celui-ci. A ce double point de vue, les meilleures espèces sont *l'Hevea brasiliensis*, *l'Hevea discolor* et *l'Hevea guyanensis*. Le latex y est plus riche dans le tronc, jusqu'à la hauteur de deux mètres.

Le caoutchouc d'Hevea était, il y a une vingtaine d'années, la seule espèce de caoutchouc produite régulièrement au Brésil, et les Heveas de la vallée de l'Amazone conservent encore, prétend-on, la supériorité sur tous les autres végétaux gommifères, tant du Brésil que de l'étranger.

Ce ne sont pas seulement les Heveas qui fournissent le caoutchouc mentionné dans les statistiques brésiliennes sous le nom de *seringa*, mais encore d'autres Euphorbiacées, dont l'une est le *Micrandra syphonoides*.

Depuis plusieurs années, les *seringueiros* des Etats de Para et d'Amazonas exploitent encore des arbres de la même famille, qu'ils désignent, selon les régions, sous les noms de *Tapuru, Enrupila, Murupila* et *Seringarana*.

D'après le Dr Hubert, ces derniers arbres constituent un groupe de variétés très voisines les uns des autres, avec de petites différences organographiques, qu'il rapporte à l'espèce *Sapium aucuparium Jacy* ou *Ecorcaria biglandulosa*, var. *aucuparia Mull. Arg.*

Ils méritent d'être sérieusement étudiés.

Ce sont des arbres touffus, de 0 m. 80 à 1 mètre de diamètre et de 25 mètres de haut. Ils habitent depuis la grande île de Marajo, à l'embouchure de l'Amazone, et les innombrables îles de ce fleuve, jusqu'aux vallées des Rios Madeira, Solimoes, Japura, Jurua et Purus. On les trouve souvent pêle-mêle avec les Heveas dans les terrains marécageux des rives des cours d'eau, mais certaines variétés ont pour habitant des régions sèches, éloignées des bords des rivières. Dans le premier cas, on les appelle *Tapurus de margem* (de rive) et dans le second *Tapurus de terra firme* (de terre ferme).

Ces Euphorbiacées sont très lactescentes et leur latex donne un caoutchouc que, jusqu'ici, les négociants et les industriels ont peine à distinguer de celui d'Hevea.

Il existe, surtout dans la vallée du Madeira, des *seringaes* uniquement composés de Tapurus et ou ces arbres se

LE FLEUVE MADEIRA

trouvent en aussi grande quantité que les Heveas dans les meilleurs *seringaes* proprement dits.

Le commerce accepte sans difficulté le caoutchouc de *Tapuru*. Sa production est considérable, mais on ne saurait l'évaluer avec précision, car il figure dans les statistiques sous le nom de caoutchouc *Seringa* ou d'Hevea.

En 1796, les marchés du Brésil ont commencé à recevoir en abondance, sous le nom de *Caucho*, un caoutchouc différent du caoutchouc *seringa* et semblable au caoutchouc de l'Amérique Centrale. La vallée péruvienne de l'Amazone en exportait également, dès 1822, par le port fluvial d'Iquitos.

Le Dr Huber, du Musée du Para, a vérifié, en effet, que ce caoutchouc est fourni par l'espèce végétale depuis fort longtemps exploitée dans l'Amérique Centrale, le *Castilloa elastica*, de Cervantes.

C'est un caoutchouc noir à l'extérieur et jaunâtre à l'intérieur, qui présente de nombreuses cavités et possède une odeur désagréable, fort différente de celle du caoutchouc *seringa* ou d'Hevea. Aussi est-il inférieur à ce dernier et toujours moins bien coté. Le *caucho* se présente en masses, connues sous le nom de *pranchas* (planches) de forme irrégulière, ou parallélipipèdes, mesurant 1 m. 05 de superficie. Ce caoutchouc est accompagné d'un autre provenant du même végétal et appelé *Sernamby de caucho*.

Le *Castilloa elastica* appartient à la famille des Artocarpacées. C'est un arbre de beau port, ayant de 12 à 20 m. de haut et un diamètre de 0 m. 60 à 0 m. 20.

Il est très abondant dans les vallées supérieures du rio Jurua, dans la vallée du rio Purus et dans la vallée du rio Madeira, où il est connu de longue date. Il se trouve également dans les vallées du rio Tapajoz, du rio Xingu et du rio Araguaya.

Les forêts d'Obidos, d'Alemquer et quelques autres de la rive gauche de l'Amazone, en produisent en assez grande quantité. Le Castilloa peut être exploité dès l'âge de cinq ans, tandis que l'Hevea ne commence à produire d'une façon rémunératrice qu'après quinze ou vingt ans. Il est vrai que l'Hevea n'atteint la caducité qu'après plus d'un siècle, tandis que la longevité du Castillon ne dépasse guère vingt-cinq à trente ans. Comme on le verra plus loin, cet arbre n'est pas, au Brésil, incisé de la même manière que l'Hevea.

On exploite également au Brésil, pour l'extraction du caoutchouc, quelques plantes de la famille des Apocynacées, appartenant au genre Hancornia. La Flora Brasiliensis de Martius n'en reconnaît qu'une espèce, déterminée par Muller d'Argove; l'Hancornia spéciosa, mais elle comprend plusieurs variétés.

Ces variétés sont communes au Brésil, depuis l'Etat de l'Amazone jusqu'à ceux de Sao Paulo et Minas Geraes. Elles habitent les terrains secs des plateaux centraux dans les catingas. La mangaba, fruit du Mangabeira, est une baie à saveur sucrée, aromatique et légèrement vineuse, très apprécié pour la préparation de conserves.

Le Mangabeira est un arbuste d'environ 3 m. 50 de hauteur, à branches tortues et à feuillage peu abondant.

Son latex, qui est de nuance bleuâtre, a la densité de 0,908. Sa richesse en caoutchouc est variable. Des recherches faites dans l'Etat de Sao Paulo sur du latex de diverses provenances, ont fourni, respectivement, les proportions de 80 0/0, 50 0/0 et 57 0/0. D'autres essais, toutefois, ont révélé une proportion bien moindre.

Le caoutchouc de Manisoba, connu dans le commerce sous le nom de Ceara, est fourni par un végétal de la famille des Euphorbiacées. C'est un arbre élégant, moins agreste que la Mangabeira et dont l'habitat est moins étendu. Il abonde dans l'intérieur des Etats de Ceara et de Piauhy et se trouve aussi dans les catingas de l'Etat de Bahia.

La richesse du latex de cette plante en caoutchouc varie selon les terrains et selon les variétés; elle est en moyenne de près de 50 0/0. Il existe encore un grand nombre d'autres plantes lactescentes, susceptibles d'être utilisées, entre autres : Le ficus elastica, les Landolphias, la Sorweira, la Sueuiba, la lucuma procera, le Guapeba, etc.

Parmi toutes les plantes lactescentes, nous avons volontairement oublié de parler de la Dycra costalata. Cependant comme nous le disions au début de cette brochure la consommation mondiale se développant de plus en plus et étant donné qu'en l'état actuel de la science on ne peut fabriquer artificiellement le caoutchouc par voie de synthèse, il faut accorder toute attention à des procédés nouveaux qui sont à même de fournir immédiatement une quantité importante de cette matière en vue de répondre aux exigences de l'industrie.

Parmi les plantes, autres que celles précitées, dont on peut extraire le caoutchouc, il en est une dont l'importance est considérable ; elle est désignée sous le nom de gomme de Jelutong ou de Bornéo mort.

Le Jelutong provient d'un latex fourni par une plante de la famille des apocynacées : la Dycra Costulata Hooo. Après la coagulation ce latex fournit une gomme blanche. La matière sèche donne un produit hydrocarboné prenant l'aspect de la résine de pin ou colophane, qui renferme du caoutchouc dans la proportion de 10 à 20 0/0. Ce caoutchouc est de qualité supérieure aux meilleures qualités du Congo.

La Dycra est très abondante et le procédé de traitement de cette gomme est, de plus très économique, permettant d'obtenir le caoutchouc à un prix tel que même aux cours actuels et à des prix encore inférieurs, l'exploitation de cette matière laisse une marge importante de bénéfices.

Déjà « *et comme toujours, c'est à nos voisins que revient l'honneur de cette initiative* », une société s'est formée pour l'extraction et la vente du caoutchouc contenu dans ce latex et cette usine récemment outillée a pu produire trente mille kilos de caoutchouc, qui ont été vendus à un prix rémunérateur. Les actions Asia caoutchouc pour la Russie, introduites à 120 francs, ont rapidement dépassé le cours de 200 francs et la marge de hausse est encore consonsidérable, puisque cette Société obtiendra des résultats bénéficiaires importants dès cet exercice même.

CHAPITRE III

Le Seringuero. — Récolte du caoutchouc. — Recrutement des ouvriers. — Coagulation du latex.

Manaos et Para de Belem concentrent les récoltes faites dans les immenses forêts qui couvrent la plus grande partie des territoires des Etats, dont ces deux villes sont les capitales. Tous les ans, des dizaines de milliers de chercheurs de caoutchouc, ou seringueros, partent de ces deux cités entrepositaires et vont recueillir la précieuse gomme dans les bois de l'Amazonie.

La récolte du caoutchouc se fait à l'époque de la baisse des eaux, c'est-à-dire, de mai à janvier; la meilleure période, toutefois est de mai à septembre.

Le seringuero, est l'homme qui va à la recherche du caoutchouc; c'est près des sources des rivières et dans leur partie peu navigable, qu'il le rencontre principalement.

La réputation d'insalubrité que l'on a faite à toute la région amazonienne est, certainement, exagérée et injuste.

Les rives des igarapes, des paranas et des petits cours d'eau qui débordent fréquemment sont, effectivement, palustres, car elles se conservent toujours marécageuses ou humides. Mais les rives des grandes rivières plus élevées sont salubres et jouissent d'un climat agréable.

Elles peuvent être habitées même par des Européens. Telles sont entre autres les rives du Madeira, du Jurua, du Taranara et du Toffé affluents de droite de l'Amazone.

Dans ces régions, comme partout ailleurs du reste, la mortalité chez les seringueiros s'explique, plutôt par les excès de toute sorte auxquels ils se livrent que par les conditions locales. Il y a de nombreux exemples d'Européens qui vivent depuis de longues années dans ces parages avec leur famille, sans avoir de sujet de plainte contre le climat.

L'outillage du Seringuero amazonien est des plus simples; une hachette pour pratiquer des incisions aux arbres; des godets en fer blanc pour recueillir le latex; un seau pour le transporter, une calebasse, un fourneau, des spartules et une bassine.

Lorsque, après quelques investigations, le cauchero arrive à un endroit vierge d'exploitation antérieure, il installe sa demeure au bord de la rivière même, puis il entreprend plusieurs excursions dans la forêt en établissant chaque jour un campement provisoire qui lui sert de centre pour exploiter les environs; il marque, au passage, à l'aide de son sabre d'abatis, les arbres gommifères qu'il rencontre; ces marques sont un signe de possession religieusement respectées par les autres Seringueros.

Une fois que l'espace de la forêt qu'il a choisi a été suffisamment exploré et qu'il a marqué un nombre suffisant d'arbres, le cauchero commence son exploitation.

Il nettoie d'abord soigneusement le sol autour de l'arbre, dont l'écorce lisse et jaunâtre, le bois mou et fibreux, suivant les espèces, puis il dresse tout autour du tronc, dans la terre qu'il a bien battue avec ses pieds, une série de trous, ou pochettes, qui sont reliés au tronc à l'aide de petites rigoles etdans lesquelles il dispose les godets de fer étamés destinés à recevoir le latex.

Cette besogne terminée, le cauchero opère dans l'arbre des incisions par où s'échappe le latex qui va remplir les godets (Tigelinhas).

Ce procédé est le plus rationnel et le plus recomman-

UN BARRACAO

dable. Tout en n'offensant pas l'arbre, il permet d'opérer plus méthodiquement, d'obtenir un meilleur rendement en gomme, et de livrer au commerce du caoutchouc brut absolument pur.

L'incision se fait au moyen d'une petite hache (Machadinho ou Machète).

La machète a environ 35 millimètres de partie tranchante et 8 centimètres de longueur totale avec un manche de 25 centimètres de longueur; les godets sont en fer blanc, d'une forme tronc-conique, et fait d'un seul morceau.

Il existe des fabriques au Brésil. Le prix est de 65 francs le mille.

Le même arbre peut être saigné cinquante fois et par chaque opération on place un, deux, trois godets suivant la grosseur du sujet.

Après dix saignées consécutives on laisse l'arbre se reposer dix jours. On recommence ensuite dix autres saignées suivies d'un autre repos de dix jours et ainsi de suite.

Pendant toute la durée de la récolte, les incisions se font toujours sur la même face du tronc. L'année suivante, on opérera sur la face opposée, alors les blessures de la saignée précédente peuvent finir de se cicatriser.

Il convient de saigner l'arbre au lever du jour, la quantité de latex est plus grande que celle obtenue en opérant en plein soleil. Les indigènes prétendent que la lune aurait aussi une influence sur l'écoulement du latex ; — Nous n'avons rien observé pouvant confirmer cette opinion — de même, le saignage fait pendant la nuit ne donne pas de meilleurs résultats que celui opéré à la pointe du jour.

Le Seringuero commence la première incision aussi haut que ses bras le lui permettent, il frappe l'écorce obliquement de bas en haut ; il est inutile de donner un coup très fort, l'écorce n'étant pas très épaisse. Avant de retirer sa machète, l'ouvrier soulève légèrement l'écorce pour faciliter la sortie du lait.

Ordinairement les incisions sont en forme de V. On peut aussi faire deux incisions parallèles séparées de 2 centimètres environ.

Aussitôt les entailles faites, le Seringuero fixe rapidement la tigelinha, à 15 millimètres environ au-dessous, et pour la faire tenir il enfonce dans l'écorce, le bord de la tigelinha, qui est assez coupant.

Le lait coule d'abord obliquement, en suivant l'incision,

puis arrivé à l'extrémité de la blessure, il s'écoule verticalement dans la tigelinha. La durée de l'écoulement varie entre une heure et deux heures.

SERINGUERO VIDANT SES GODETS

Le latex obtenu par saignée et sa consistance dépendent de la qualité de l'arbre gommifère et des circonstances.

A la seconde saignée, on fait des incisions au-dessous des premières, à une distance de 5 centimètres environ et ainsi de suite jusqu'au pied de l'arbre. Presque toujours, à la

3

première saignée, il ne s'écoule que quelques gouttes de latex.

Le lendemain, le lait coule plus abondamment, et au bout de quatre opérations en moyenne, le liquide tiré est normal.

Un autre système d'extraction du latex et ou on emploie également les godets consiste à se servir, pour la saignée, d'une sorte de lancette en acier.

On perce l'écorce à l'endroit voulu et on enfonce la lancette obliquement ; par conséquent l'incision, au lieu d'intéresser toute l'écorce, n'affecte que la partie même des vaisseaux laticifères. La blessure est interne et, ne subissant ni les influences atmosphériques, ni les effets des insectes, peut se cicatriser beaucoup plus rapidement.

Ce sont les moyens les plus usités ; mais pour certaines espèces caoutchoutières on opère d'une autre façon, ainsi par exemple : le Castilloa dont nous avons parlé plus haut, est d'abord saigné, pour extraire une partie de son latex et ensuite abattu, pour recueillir le reste.

Les caucheiros prétendent, en effet, que l'arbre ne peut survivre aux incisions pratiquées dans son écorce.

Un arbre adulte fournit, en moyenne un seau de latex, soit environ 56 litres. Cette quantité de latex correspond à 20 kg, de caucho en planche, et comme une planche, pèse généralement 60 kg. (la charge d'un homme), il s'ensuit qu'il faut abattre trois arbres pour obtenir une planche de caucho.

Les Castilloa ont déjà presque entièrement disparu de l'Amérique Centrale. Ils sont encore abondants au Brésil, mais, si l'on veut éviter qu'ils n'en disparaissent, il faut s'occuper de les replanter.

Avant d'aller plus loin il est nécessaire de donner quel-

ques indications sur le recrutement des ouvriers seringueros.

Le propriétaire d'un seringal établit sur le point de sa
propriété, le plus favorable aux embarquements, un maga-
sin nommé barracão, où se trouvent réunies les marchandises les plus disparates : comestibles, quincaillerie, conserves, armes, munitions, vins, liqueurs, vêtements ; bref,

COAGULATION DU CAOUTCHOUC

tout ce qui est nécessaire, et même superflu, pour la vie
des hommes qu'il emploie.

Ceux-ci sont engagés et transportés à ses frais sur le lieu
d'exploitation. Ils leur font une avance de 1.000 à 2.000 fr.
en marchandises diverses.

Les chercheurs de caoutchouc de l'Amazonie sont de
deux sortes : les seringueros et les caucheros. Les premiers
exploitent, comme le nom l'indique, la seringueira ou
heveas ; les derniers, recherchent les Castilloas ; les Lan-
dolphras et les Trancornias.

Les hommes se recrutent principalement entre les immigrants de l'Etat de Ceara : En effet dans le nord du Brésil, le Ceara a été un foyer de dispersion de population : tel est le sort des pays pauvres.

Les propriétaires des forêts de caoutchouc envoient au Ceara, des agents recruteurs. Ce sont, le plus souvent, d'anciens émigrés eux-mêmes, qui, revenus au village, renouent aisément au milieu des leurs des relations rompues depuis des années : leurs récits, les promesses dont ils ne sont pas chiches, leur générosité intéressée, entrainent à leur suite la foule ignorante.

Leur propagande multiple a répandu au Ceara, dans les campagnes, une véritable légende des Amazones, prodigieux pays ou l'or abonde, et où la puissance de la nature est miraculeuse.

En psychologues consommés, prêchant à un peuple qu'affligent les sécheresses, ils décrivent surtout les eaux abondantes, les pluies quotidiennes, et l'immensité du fleuve des Amazones.

L'agent, après avoir formé sa troupe, la conduit jusqu'à Fortaleza, ou il attend le passage d'un vapeur pour le Para. Malgré les fatigues et les dangers, peu de paroaras tirent de leur travail un profit durable : leur condition est presque toujours misérable : le voyage d'arrivée, payé par le maître du seringal, est considéré comme du par le travailleur. Il commence donc son service avec une dette assez lourde, et ne retrouve sa liberté qu'après s'en être affranchi. De même, on porte au débit de son compte tout ce qu'il consomme et que lui fournit à des prix arbitraires l'administration du Seringal.

Suivons maintenant une famille de Seringueros. Nous avons déjà dit comment se pratiquent les incisions et la pose des godets.

Le seringuero parcourt toute son estrada, allant d'arbre en arbre répéter les mêmes incisions, ne perdant pas plus d'une minute et demie à chacun d'entre eux. L'itinéraire suivi, le ramène au point de départ après qu'il a placé toutes ses tigelinhas. Mais il n'en est encore qu'au tiers de sa tâche ; il s'agit maintenant d'aller relever le contenu des godets.

Muni d'un seau en fer blanc nommé baldi, il refait le chemin parcouru ; il va d'arbre en arbre pour ramasser le contenu des tigelinhas posées, qui est versé dans le baldi. Une estrada peut fournir de 8 à 10 litres de latex par jour, qui rendent 4 à 5 kilos de caoutchouc pur et sec : nous avons vu des estradas donnant de 15 à 18 litres de sève par jour.

Toutes les tigelinhas ayant été relevées, le seringuero procède à la coagulation. Le « Latex » recueilli étant exposé à l'air, les globules de caoutchouc se coagulent et forment une masse au-dessus de laquelle surnage une sorte de crème que l'on enlève. Le caoutchouc est alors retiré des godets. Le seringuero retourne au carbet (sa hutte), verse le liquide dans le balde (cuve de 60 à 80 centimètres) et procède à la coagulation par la fumée. Il trempe une espèce de pelle, qui ressemble à une pelle de boulanger ; il la retourne dans le latex et la dirige au-dessus du feu qui est produit par le fruit du palmier donnant une fumée acide. Sous l'action de la chaleur et de l'acidité de la fumée, la coagulation se fait presque instantanément. Les boules ont un poids qui peut varier suivant les endroits entre 5, 8, 15 et 25 kilos, c'est le caoutchouc brut. Un arbre peut, en moyenne, fournir par jour, de 50 à 100 grammes de caoutchouc et un seul homme suffit à exploiter 100 heveas, ce qui donne une production journalière de 5 à 10 kilos environ. — Avant de clôturer ce chapitre, nous conseillerons aux planteurs et sociétés exploitantes de choisir, pour l'extraction du latex, des ouvriers intelligents, actifs et dévoués. Il faut que le travail soit fait soigneusement et surtout on doit éviter d'abimer les arbres, si on ne veut pas compromettre les récoltes futures. Il est même nécessaire d'encourager les ouvriers en leur promettant une petite gratification, si on est content d'eux. Une dépense minime fait souvent rapporter de gros bénéfices.

CHAPITRE IV

**Classement du caoutchouc.— Le marché de Belem.
— Etablissement d'une facture. — Régions qui
produisent le plus de caoutchouc. — Analyse
des différentes variétés de caoutchouc.**

La gomme ainsi obtenue est alors dirigée sur les marchés de Belem et Manaos ou elle est classée et pesée.

Le caoutchouc est de qualités différentes, qui sont connues sur les marchés du Brésil sous les noms de *caoutchouc fin, caoutchouc demi-fin, caoutchouc grossier et sernamby*.

Le caoutchouc *fin* est celui qui est préparé au moyen de latex pur et frais sans aucun mélange, et qui a été soumis convenablement à l'opération de la fumaison.

Le caoutchouc *demi-fin* est celui qui est préparé avec du latex ayant déjà subi un commencement de fermentation et qui n'a pas été bien fumé.

Le caoutchouc *grossier* provient de différents latex mélangés ensemble et contenant des impuretés dues au mauvais état d'entretien des récipients employés.

Le *sernamby* se compose des déchets de la coagulation recueillis sur les bords des récipients et des gouttes qui coulent dans les incisions des outils où elles se dessèchent On donne à ces dernières le nom de *chero* (larmes) en raison de leur forme.

Lorsque l'aviador reçoit le caoutchouc, il tranche les boules part le milieu pour s'assurer qu'elles ne contiennent pas de corps étrangers. S'il y trouve soit du lait coagulé sans avoir été fumé, soit des pierres, de la terre et même de la cendre, il les classe comme entrefines. Si au contraire la boule est parfaite, elle est classée comme fine et atteint un prix élevé.

Une fois ce classement terminé, l'exportateur fait l'emballage par marques et qualités, dans des caisses faites en planches de 0 m. 26 d'épaisseur et cerclées de fer. Une caisse peut contenir 180 kil. de fins et 130 kilos de Sernamby. C'est ainsi que le produit est expédié en Europe et aux Etats-Unis. Quant au prix, il varie aussi suivant les espèces; ainsi le caoutchouc de Maniçoba obtient généralement des prix intermédiaires entre ceux du caoutchouc de mangabeira et du caoutchouc seringa ou Hevea. En l'état où il arrive sur les marchés, il contient, en général, 15 0/0 d'humidité, et souvent des corps étrangers. Il perd, en conséquence, dans l'application à l'industrie, de 20 à 50 0/0 de son poids. C'est ce qui explique l'infériorité de son prix relativement au caoutchouc d'Hevea. Le caoutchouc de Maniçoba est, en effet, excellent et des meilleurs pour la vulcanisation chaque fois qu'il est bien préparé; le commerce ne fait pas de différence entre lui et le caoutchouc d'Hevea.

La production annuelle en caoutchouc de chaque pied de Maniçoba est évaluée entre 500 à 1.500 grammes. Dans certains Etats elle s'élève au chiffre de 2 kilogrammes par pied. La chambre de commerce fixe un cours quotidien pour le Borratcha suivant les arrivages, les prévisions, le change, et les nouvelles télégraphiques de Liverpool et New-York.

Quant aux frais d'exportations ils sont importants et

s'élèvent à 23 0/0 environ. C'est dans la rue et au café que se font les transactions. C'est là que l'on brasse, sur factures, des millions d'affaires. Les aviators attendent, en bras de chemise ou en veston de coutil, le taux du change de Rio de Janeiro.

Les courtiers entrent, glissent un mot dans l'oreille de l'un, un mot dans l'oreille de l'autre. Alors, de la main droite, l'intéressé griffonne sur son carnet un bordereau

LA VENTE DU CAOUTCHOUC A MANAOS

d'achat ou de vente, et, de la main gauche il vide son verre de bière. Et, enfin, les nouvelles arrivent, le change s'établit pour la journée. Chacun se lève, laisse sa chope, court au télégraphe.

L'effort est rapide, mais définitif, et il faut une singulière habileté, une présence d'esprit absolue pour mener à bien ses négociations, L'initiative est laissée entière au chef de Maison, qui doit voir d'un seul coup et conclure de même.

Nous donnons ci-après le mode d'établissement d'une facture, pour l'expédition par bateau de 100 caisses de caoutchouc « Fine Para ».

Etablissement d'une facture

de 100 caisses de caoutchouc « Fine-Para » embarquées sur le vapeur X...

100 caisses de Fine-Para contenant 18.000 kilogr. à 13 francs le kilo (cours du 20 janvier) . . . . Fr. 234.000 »

DÉBOURS

Droits d'exportation. Taux de la pata (valeur officielle) 22 °/₀ . . . . . 51.480 »
Droit d'entrée (municipal) 1 °/₀ . 2.300 »
Taxe additionnelle : 2 1/2 °/₀ sur 51.480 fr. 1.287 50
Bourse 3/8 °/₀ . . . . . . 880 »
Magasinage et pont d'embarquement . . . . 60 »
Réception et emballage . . . 270 »
Transport et embarquement : 100 caisses à 2 fr. 40. . . . 240 »
Prix des 100 caisses . . . . 1.580 »
Assurance contre l'incendie. . 270 »
Courtage. . . . . 153 »
Frais consulaire. 14 50
Timbre 1 °/₀ + 10 °/₀ . . . . 55 »

58.610 »

292.610 »
Commission 1 °/₀ . . . . 2.926 »

Coût (mis à bord) F. O. B. Total. . . 293.536 »

Les Etats du Nord du Brésil ont été jusqu'ici les grands producteurs de caoutchouc. Sa production a suivi une marche ascendante et quelques chiffres nous permettront de démontrer que les réserves naturelles d'arbres à caoutchouc sont si considérables en Amazonie que malgré la rareté de la main-d'œuvre et les distances à parcourir, cette production a augmenté dans des proportions considérables.

1905	33.060 tonnes.
1906	34.490 —
1907	36.000 —
1908	38 206 —
1909	39.026 —
1910	43.295 —

Mais d'autres Etats brésiliens produisent également en quantité appréciable du caoutchouc de diverses espèces, comme nous l'avons vu plus haut. Ainsi le caoutchouc de Mangabeira exporté par le port de Rio de Janeiro provient pour la plus grande partie des Etats de Minas Geraes et en moindre proportion, des Etats de Sao Paulo et de Goyaz.

Presque toute la production de l'Etat de Sao Paulo est exportée par le port de Santos, qui reçoit également une partie de la production des Etats de Minas Geraes et de Goyaz. Les Etats brésiliens qui fournissent les plus grandes quantités de ce caoutchouc, sont ceux de Piauhy et Rio Grande do Norte, qui l'exportent par les ports de Pernambuco, de Ceara et de Bahia.

La production du caoutchouc peut être ainsi répartie dans le monde :

Amérique du Sud	60 0/0
Amérique Centrale	0.5 0/0
Afrique	37 0/0
Asie	2.5 0/0

Quant à la consommation nous avons démontré dans un chapitre précédent les multiples emplois de la gomme, qui la font augmenter dans de grandes proportions. On lui découvre d'ailleurs sans cesse quelque nouvelle application.

Voici les chiffres de la consommation mondiale pendant les cinq dernières années :

1906	65.000	tonnes.
1907	69.000	—
1908	70.000	—
1909	72.000	—
1910	73.000	—

L'exportation des Heveas offre donc encore, un vaste champ a de nouveaux efforts ; dans ces dernières années, des capitaux étrangers y ont cherché une application.

Jusqu'ici quelques entreprises importantes se sont organisées dans ce but :

Au Brésil nous citerons entre autres la « Para Marajo ».

La Para Marajo, comme son nom l'indique a son domaine dans l'île de Marajo. Ses propriétés représentent un ensemble de 60.000 hectares, ce qui permet à la Compagnie de donner une énorme extension à son exploitation. Les estradas de cette Société sont en plein rapport et les bénéfices qu'elle en tirera ne pourront que l'encourager à élargir ses opérations.

Pour donner une idée des bénéfices considérables que peuvent rapporter semblables exploitations nous donnons le chiffre des exportations faites par cette Compagnie pendant les six derniers mois :

Les expéditions faites depuis le mois de juillet 1910, à fin janvier 1911, s'élèvent à 60.430 kilos, soit 133.185 livres anglaises, dont 111.918 livres en para fin.

En tablant sur un prix moyen de 8 francs la livre, la vente a produit environ un million. Les frais généraux ne dépassent pas 40 0/0. Il reste donc un bénéfice net de plus de 600.000 francs pour rénumérer un capital de 3 millions soit donc du 20 0/0. Il faut noter que ce bénéfice a été réalisé sur 6 mois d'exercice.

D'autre part la Société n'exploite pas la totalité de son

LE DÉBOISEMENT SUR LE PASSAGE FUTUR DE LA LIGNE

domaine ; sur la moitié seulement les estradas sont ouvertes et organisées. Pour l'exploitation du surplus, la Société peut envisager deux solutions :

Ou l'agrandissement et l'organisation méthodiques de nouvelles estradas, par ses propres moyens :

Ou la cession à des filiales d'une partie de ses terrains non exploités.

La première de ces solutions demanderait un temps assez long pour permettre à la Société de tirer tout le bénéfice qu'elle est en droit d'attendre de l'exploitation intégrale de son riche domaine.

La deuxième au contraire, donnerait rapidement des profits importants en permettant à chaque filiale de s'organiser immédiatement. Nous croyons savoir que c'est à cette solution que se rallient les administrateurs.

Nous ne dirons rien de plus de cette société, sinon qu'elle est bien dirigée et qu'elle a un brillant avenir devant elle.

Puisse l'exemple de son œuvre amener d'autres capitalistes à se grouper pour exploiter les richesses de ce pays merveilleux. Il est nécessaire de jeter maintenant un coup d'œil sur les contrées du Brésil qui produisent le meilleur caoutchouc et en plus grande abondance.

Le Para, l'Amazone, le territoire fédéral de l'Acre et le Matto Grosso sont les Etats qui fournissent la presque totalité du caoutchouc exporté.

Dans l'Etat de Para, les régions qui produisent le plus de caoutchouc sont les municipes de Breves et d'Inajà, dans l'île de Marajo. On en trouve aussi, mais en quantité moindre, sur les Rios Tocantins et Tapajos. Le produit de ces régions est nommé Bas-Amazone.

Le caoutchouc le plus reputé de toute l'Amazonie est celui de la vallée du fleuve Madeira et de ses affluents qui en produit d'énormes quantités, mais dans ces dernières années, les vallées du fleuve Purus et du fleuve Jurua en ont produit encore davantage.

Il pousse aussi en abondance sur les affluents du fleuve Purus parmi lesquels nous citerons : l'Araca, le Patos, l'Urbano, l'Itusy, le Richalo, le Corinaba et l'Acre.

C'est sur ce dernier affluent, qui donne son nom à la

région qui forme aujourd'hui le territoire fédéral que l'on rencontre le plus d'arbres gommifères ; c'est la zone la plus féconde et la plus riche, avec celles du Moâ, du Trasanaca du Paukery, ainsi que toute la partie qui se trouve sur la frontière de la Bolivie.

De très riches forêts se trouvent aussi sur la rive gauche

LA VOIE POSÉE (*Kil. 86*)

de l'Amazone, sur le Rio Negro, le Jurucina, l'Ica, le Jutahy, etc. Pour donner une idée des conditions d'exploitation du caoutchouc sur le Beni, disons que le transport des marchandises ne demande pas moins de 230 jours pour la montée, et que la descente du caoutchouc exporté par la voie du Madeira demande 70 à 80 jours.

Mais on construit actuellement deux grandes lignes de chemin de fer, la première « le chemin de fer de Madeira à Mamoré » est destinée à percer le cœur du continent sud américain, à donner un débouché aux ressources naturelles de ces pays mais presque impossible d'accès jusqu'ici à mettre en contact avec le commerce maritime une région ou l'on rencontre précisément l'Hévéa Brazilliero en grande abondance et d'ouvrir à la colonisation des régions dans le Brésil, le Pérou et la Bolivie, lesquelles, autrement, resteraient des déserts vierges inconnus.

C'est l'œuvre la plus grandiose et la plus colossale des temps modernes. Il a fallu une poigne et une énergie de fer pour mener à bien cette entreprise. C'est un mérite de plus à l'actif du distingué financier M. Farquhar qui, on peut l'affirmer est le roi des chemins de fer et des ports du Brésil. La seconde, appelée ligne du Nord du Brésil, permettra l'exploitation du caoutchouc et la mise en valeur des Etats de Maranhao, Goyaz et Matto-Grosso.

Les grands entrepôts du commerce du caoutchouc au Brésil sont les villes de Belem ou Para, dans l'Etat de Para et de Manaos, dans l'Etat de l'Amazone. Ce dernier Etat exporte également du caoutchouc par le port d'Itacoatiara, situé sur la rive gauche de l'Amazone.

Les Etats de Matto Grosso, de Piauhy et de Maranhão produisent aussi du caoutchouc, mais en faibles proportions.

Quant aux prix du caoutchouc, il varie suivant l'espèce, la qualité et le classement comme nous l'avons expliqué plus haut.

Il est difficile de fixer ce prix exactement, qui est sujet à des fluctuations énormes. Ce que nous pouvons envisager c'est le cours le plus bas qu'il soit possible d'enregistrer.

Nous avons une base certaine qui nous permet d'en donner une idée, c'est le prix au-dessous duquel le caoutchouc du Para ne donne plus de bénéfice.

La production du Para naturel est le régulateur de la

côte et les prix des autres sortes de caoutchouc suivent son mouvement ascendant ou descendant.

Envisageant les difficultés de l'exploitation des forêts d'Heveas naturelles, difficultés résultant de la recherche pénible des arbres à caoutchouc, du recrutement de la main d'œuvre et de son prix qui est plus du double de la main d'œuvre asiatique, nous pouvons dire qu'au-dessous de cinq francs le kilo le caoutchouc de l'Amazonie ne donne plus de bénéfice et ne peut plus par conséquent paraître sur les marchés.

Les caoutchoucs d'autres provenances baisseraient en proportion du Para et tomberaient par conséquent à quatre et trois francs, ce qui en interdirait virtuellement l'exportation également.

C'est donc entre cinq et six francs qu'il faut fixer le point critique autour duquel se produit fatalement le mouvement de bascule qui fait remonter les cours, au cas où l'offre arrive à dépasser la demande.

Le tableau suivant indique le mouvement de l'exportation du caoutchouc *seringa*, provenant des Etats de Para et d'Amazonas, à partir de 1870, année où cette production a commencé à prendre un grand développement :

Exportation de caoutchouc

provenant des Etats du Para et de l'Amazone

Années	ETAT D'AMAZONE Kilogrammes	ETAT DU PARA Kilogrammes
1870.	1.360.575	5.241.051
1871.	1.370.807	5.394.587
1872.	2.011.137	6.206.395
1873.	1.906.587	6.384.779
1874.	2.193.196	5.522.444
1875.	2.164.324	5.565.663
1876.	1.733.238	6.175.920
1877.	2.573.395	6.641.980
1878.	2.773.862	6.454.716
1879.	3.246.935	6.889.482
1880.	3.362.396	5.317.009
1881.	3.385.517	5.317.007
1882.	4.358.914	5/713.605
1883.	2.349.135	5.470.404
1884.	5.547.991	5.610.029
1885.	5.508.784	6.273.216
1886.	6.177.053	6.512.947
1887.	6.744.114	6.645.886
1888.	8.011.432	7.678.568
1889.	7.818.700	8.171.300
1890.	10.710.813	4.644.187
1891.	9.345.539	7.304.461

	ETAT D'AMAZONE	ETAT DU PARA
Années	Kilogrammes	Kilogrammes
1892	11.775.843	6.474.157
1893	10.809.488	8.240.512
1894	11.661.379	8.048.621
1895	11.100.115	8.209.885
1896	12.385.768	8.870.232
1897	12.905.346	9.834.654
1898	12.596.603	9.312.397
1899	—	9.736.000
1900	—	9.954.000
1901	15.694.041	13.469.931
1902	13.711.061	13.409.290
1903	16.509.677	12.566.218
1904	15.334.044	13.176.215
1905	15.253.029	16.224.921
1906	14.809.547	16.554.620
1907	15.600.000	17.850.000
1908	15.900.000	18.162.560
1909	18.452.000	21.312.000
1910	21.000.000	24.000.000

Tableau donnant l'analyse faite des différentes variétés de caoutchouc de l'Amérique du Sud, Amérique Centrale. Afrique - Australie - Asie

	Pour 100
« Para » fin brut .	89.90
— — lavé .	84.82 à 98.27
— — — .	81.09 à 83.38
Déchets .	87.14 à 92.35
Sernamby fin .	86.60
— ordinaire .	79.56
« Para » Matto Grosso (Para blanc) .	69.22 à 69.81
— ordinaire .	90.22
Péruvien brut (scraps) .	82.10
— — (niggers) .	79.16 à 90.52
Bolivien brut .	90.45 à 91.95
« Ceara » lavé .	78.75
Castilloa (Am. Centrale) lavé .	89.21
Guayaquil (lavé) .	70.17
Colombie .	89.15

Variétés africaines

	Pour 100
Mozambique brut .	83.71
— lavé .	87.70
Lapori brut .	78. »
Lagos .	85.29
Congo supérieur lavé .	79.50
— lavé .	82.78 à 90.33
Caoutchouc de l'Afrique Orientale (Kichxia)	76.30 à 93.28
Kameroun lavé .	62.48
Massaï .	90.86
Accrah .	90.88

Variétés asiatiques

	Pour 100
Bornéo brut. Caoutchouc pur .	83.71

Variétés australiennes

	Pour 100
Nouvelle Calédonie .	77.46

CHAPITRE V

Culture du caoutchouc. — Procédés de coagulation. — Le Maniçoba. — Rendement d'une plantation. — Valeur du caoutchouc de plantation cultivée.

Nous venons de voir dans les chapîtres précédents que dans les grandes forêts de l'Amazonie, l'arbre à caoutchouc pousse naturellement et que son exploitation constitue une des principales sources de richesse du Brésil.

Cependant que le Brésil prenne garde. De tous côtés on fait des essais de plantation et d'acclimatation de l'arbre à caoutchouc et beaucoup de ces tentatives donnent les meilleurs résultats.

Déjà les plantations de Ceylan et de l'Etat Malais couvrent à l'heure actuelle plus de 800.000 hectares de terrain, contenant un nombre immense d'arbres gommifères et le caoutchouc Para asiatique commence à prendre place sur les marchés où il obtient même un prix légèrement plus élevé que le Para-brésilien en raison de sa préparation plus soignée.

Dans les Indes Occidentales également, des essais analogues ont eu lieu à la Trinidad, une des colonies les plus fertiles des Antilles, ces essais réussirent merveilleusement.

Puisque nous parlons du groupe des Antilles, dans

lequel se trouve l'île de Tobago, nous ne pouvons passer sans dire quelques mots de la Castara Estates, Société caoutchoutière fondée depuis quelques années et qui est appelée, à notre avis, au plus brillant avenir.

Quoique notre but, en publiant cette étude, n'est pas de proner telle ou telle affaire, il nous plait d'encourager les efforts très louables qu'elle a fait jusqu'ici. La Société Castara Estates a pour but de tirer les plus larges profits possibles des plantations de caoutchouc qui ont été entreprises dans les vastes propriétés qu'elle possède près du port de Castara. Actuellement, ces plantations s'élèvent à 82.000 arbres à caoutchouc dont une partie pourra être saignée cette année.

Les propriétés sont suffisamment étendues pour que l'on puisse y planter 200.000 arbres dont la saignée régulière rapportera très rapidement à la Compagnie un bénéfice considérable. Lorsque toute la propriété sera plantée et en exploitation, on peut estimer la production moyenne annuelle à 200.000 livres de caoutchouc.

Nous ne nous étendrons pas davantage sur cette Société, nous prierons simplement nos lecteurs de bien vouloir consulter les autres parties de cet ouvrage; ils pourront de la sorte, se rendre compte des frais de plantation et du prix de revient de la gomme extraite.

Nous ajouterons toutefois que cette Compagnie n'a qu'un capital de 3.500.000 francs et qu'étant donnée la progression normale du rendement des plantations, les dividendes devront être excessivement rémunérateurs.

Nous sommes en tout cas partisan de la culture du caoutchouc et nous affirmons même que si on ne se mettait pas à planter des arbres à caoutchouc, dans un avenir plus ou moins éloigné, la production de la gomme devrait fatalement diminuer.

Séduits par les prix élevés des caoutchoucs et l'immense profit à retirer de cette culture, quelques groupes de capitalistes entreprirent de développer cette culture à Java, Sumatra, Ceylan et dans la péninsule Malaise.

Dans ces pays plusieurs Sociétés exploitantes distribuent des dividendes de 25 à 40 % pour un capital qui n'est plus le capital initial de fondation, mais le capital de grandes sociétés formées, en ces dernières années, au vu du rendement véritablement merveilleux des petites plantations primitives. Ce qui est à l'avantage et qui séduit dans le caoutchouc asiatique, c'est qu'il est présenté aux marchés sous forme de plaques d'une épaisseur uniforme de 10 à 20 millimètres. L'apparence engageante du caoutchouc de plantation est due à son élaboration soignée et surtout à la coagulation.

La fumaison continue à être le procédé généralement suivi et avec succès au Brésil. Ce résultat doit, peut être, être attribué aux vapeurs de créasote et de dérivés de pyridine que Biffen a trouvé dans la fumée des fruits des palmiers du Brésil, communément employés pour cette opération. Ces vapeurs agissant comme antiseptiques, empêchent la fermentation du caoutchouc. Cependant ces vieux procédés de préparation, que nous avons décrit précédemment, s'ils sont encore employés au Brésil, ne le sont plus guère en Asie.

En Malaisie on a donc remplacé par d'autres procédés celui de la fumaison, fort nuisible à la santé des seringueros.

Nous allons donner quelques-uns des principaux réactifs employés.

On sait que le latex, qui s'obtient en saignant l'arbre à caoutchouc est un liquide épais et blanchâtre d'un goût sucré qui contient en suspension les globules de caoutchouc. Ce sont ces globules qu'il s'agit de séparer de l'ensemble du liquide. Ces globules se réunissant fortement, forment un corps solide possédant une grande élasticité et qui est le produit utilisé dans l'industrie.

Plusieurs procédés chimiques sont employés dans ce but. L'alun dissout par le chlorure de sodium, par l'alcool, par le bi-chlorure de sodium, par le bichlorure de mercure, par le sulfate de magnésie, sont les coagulants les plus usités. L'extraction des globules de latex au moyen de machines centrifuges et sa coagulation par ces acides ont réussi' à augmenter la rapidité de l'opération et la pureté du produit.

On retarde également la coagulation au moyen de l'amoniaque, afin de pouvoir transporter à distance le latex à l'état liquide.

Le lait de l'Hevea est réfractaire à la coagulation par l'alun ; l'acide acétique est de tous celui qui doit être préféré, car sa valeur de coagulation est bien plus certaine et dans des limites plus étendues que celle de tous les autres acides.

L'espèce indiquée pour les plantations est le Maniçoba en raison de sa robustesse et de sa résistance sous un climat moins chaud que celui de la zone tropicale et aussi en même temps de son aptitude caractéristique à supporter les grandes sécheresses. Ses racines tubéreuses, fusiformes, contiennent beaucoup de fécule et sont très riches en latex. Son écorce est semblable à celle du cerisier d'Europe ; plus elle est foncée, plus l'arbre donne de suc gommeux.

La tige atteint de 8 à 10 mètres, les feuilles sont multilobées, elles jaunissent et tombent au commencement de la saison chaude, c'est-à-dire en octobre. Les bourgeons apparaissent en janvier, les fleurs en mars ; le fruit représente une capsule à côtes. Au moment de la maturité, l'enveloppe s'entr'ouvre et éclate avec un bruit assez fort, projetant les graines à une distance parfois très grande. Il n'est pas nécessaire de semer la graine du maniçoba dans un terrain fertile, elle pousse très bien sur les hauteurs rocailleuses et impropres à d'autres cultures mais naturellement si le terrain est riche en humus, la croissance de l'arbre est plus rapide et sa vigueur est plus grande.

Les terres, par trop marécageuses, à moins de faire des travaux d'irrigation, ne conviennent pas au maniçoba. Le latex serait trop aqueux et donnerait un faible rendement de gomme. D'un autre côté, la récolte du caoutchouc pourrait présenter de sérieuses difficultés, au moment du saignage.

Une plantation de maniçobas est en plein rapport, au bout de dix ans.

Dans ce qui va suivre, nous allons expliquer comment on plante le Maniçoba.

On peut avoir affaire à un terrain déjà travaillé en vue de la culture d'une autre plante et qu'on a laissé en repos. Il est alors couvert d'une végétation plus ou moins développée ou bien l'on doit s'occuper d'une portion de forêt vierge.

Le défrichage consiste à abattre les arbres, arbustes, lianes, herbes, en un mot toute la végétation extérieure sans s'occuper des racines. Les instruments employés sont la hache pour les gros arbres et la foicé pour le reste. Les gros arbres sont coupés à un mètre du sol environ, au moyen de la hache. Le reste du tronc et les racines pourrissent par le temps. Ces arbres sont employés comme bois de charpente et de menuiserie, ou comme traverses de chemins de fer. Les grosses branches et les troncs de peu de grosseur sont coupés en tronçons de un mètre et mis de côté pour servir de combustible. Pour se débarrasser des menues branches, lianes et herbes, laissées sur le sol, on les place en tas et on y met le feu.

Une fois le terrain brûlé et suffisamment refroidi, on ramasse tous les débris qui ont échappé au feu et on les brûle de nouveau.

Le terrain est ainsi préparé pour recevoir la plante.

Au Brésil, comme ailleurs, les ouvriers se paient à la journée ou à la tâche. Le salaire dépend des régions et subit la loi de l'offre et de la demande.

Le terrain, une fois débarrassé de toute sa végétation extérieure on procède à la plantation proprement dite.

Pour la plantation, on peut procéder par semis ou par repiquage. Dans ce dernier cas surtout, il convient de bien bêcher la terre sur un emplacement en rond de 50 centimètres de profondeur. Ce travail doit être fait au moment des pluies, vers le mois de septembre. Il faut ménager une distance entre chaque plante de 2 m. 50 au minimum, ce qui donne environ douze cents pieds par hectare.

Lorsqu'on procède par semis, il faut d'abord faire subir à la semence un traitement, car elle est dure et lèverait difficilement. On incise les deux bouts de la graine, mais très légèrement de façon à ne pas attaquer le germe. Cette opération faite, la graine ainsi préparée doit être immergée pendant quatre heures au moins dans une solution de sulfate de fer (100 grammes de sulfate pour un litre d'eau). Au moment de placer les graines dans la terre, il faut procéder à un arrosage avec la solution sulfatée. On enterre ordinairement trois graines en triangle et on les recouvre de quatre à cinq centimètres de terre.

Lorsque nous avons parlé du défrichage, nous avons dit que celui-ci n'affectait que la végétation extérieure. Aussi, les racines qu'on n'a pas enlevées, donnent, avant de pourrir, des rejetons qui croissant plus rapidement que les maniçobas, finiraient par les étouffer. Il y a donc lieu ne nettoyer la plantation, de la débarraser de toutes les mauvaises herbes.

Il faut au moins un nettoyage par an, et celui-ci se fait à la foice. Toutes les plantations rasées sont laissées sur place où elles pourrissent peu à peu.

Aussitôt que les jeunes pousses ont atteint 30 à 40 centimètres, on arrache celles qui sont en supplément pour n'en laisser qu'une, celle qui se présente dans les meilleurs conditions de vigueur. Le maniçoba commence à donner au bout de quatre ans, et on ne doit pas le saigner avant, sous peine de le voir périr; encore faut il pendant les premières années, ne faire qu'une seule incision.

Un pied de maniçoba doit produire une moyenne de 300 grammes de gomme pure, dès la cinquième année, pour arriver par la suite à donner juqu'à un kilogramme. Voici le calcul de ce que coûte au Brésil, la plantation d'un hectare de maniçoba, avec le bénéfice que peut donner cette plantation après la première récolte.

Achat d'un hectare de terrain, voisin d'une ligne de chemin de fer ou d'un fleuve, y compris les frais de transmission de propriété....... .... Fr.   50   »
Préparation du terrain   200   »
Plantation proprement dite   20   »

Total 270   »

Admettons la première récolte après cinq années. Le capital de 270 francs par hectare, représentant l'achat du terrain et les frais de plantation, ensemble à $10\,°/_0$ pendant 5 ans, représentent donc : 405   »

Les frais d'entretien sont en les majorant successivement de l'intérêt :

1ᵉ année	Fr.	38	»
2ᵉ année		36	»
3ᵉ année		34	»
4ᵉ année		32	»
5ᵉ année		30	»
En tout		575	»

Nous admettons qu'un hectare contienne 1.200 pieds de maniçobas et qu'un ouvrier peut en 100 jours de travail, traiter ces 1.200 arbres. En comptant à cinq francs par jour, les frais de saignage et de la préparation du caoutchouc brut, cela fait 500 francs en tout pour la campagne.

$$575 + 500 = 1075 \text{ francs}$$

Chaque pied donnant 300 grammes de gomme pure, 1.200 pieds donneront :

$$1.200 \times 0,300 = 360 \text{ kilos}$$

En supposant à dix francs le prix d'un kilo de caoutchouc brut, 360 kilos vaudront :

$$360 \times 10 = 3.600 \text{ francs}$$

Donc, 1075 francs dépensés, réellement rapporteront, à la première récolte, 3.600 francs.

Il est bien évident que les arbres grandissant, la quantité de gomme extraite augmente chaque année. De même le caoutchouc peut valoir plus de 10 francs le kilo, et, comme nous l'avons déjà dit, suivant les milieux, la plantation peut rapporter davantage.

Il ressort de ce calcul qu'au bout de la cinquième année le planteur sera rentré dans le prix d'achat du terrain, aura amorti tous les frais de culture, aura bénéficié des intérêts et se trouvera, en fin de compte, en face d'un bénéfice net de 2.000 francs environ.

Il n'est pas besoin d'une explication de plus pour démontrer les bénéfices réalisables dans l'exploitation de l'arbre à caoutchouc cultivé.

Nous avons pris le Brésil comme exemple, mais il en est de même pour tous les pays producteurs et en particulier pour l'Asie, ou la main d'œuvre est même plus abondante et moins chère, comme nous le disions au commencement de ce chapître. Les moyens de transport sont également plus faciles.

Jusqu'à présent, les Français n'éprouvent pas un besoin immense de s'expatrier uniquement pour gagner leur vie. Le peu d'accroissement de la population, d'un côté, la vie agricole et industrielle, de l'autre, permettent encore à la classe ouvrière de vivre au pays natal, sans trop de privations. Mais quand l'heure de l'exil sonnera, pour certains d'entre eux, qu'ils aillent au Brésil, ils trouveront d'immenses étendues de terrains propices à cette culture et qui ne demandent que des bras pour révéler leurs richesses. Soyez persuadés que la terre ne sera pas ingrate et que plus vous la travaillerez, plus les soins que vous donnerez à votre culture seront grands, plus aussi le succès sera certain et rapide.

Il paraît intéressant d'examiner ici qu'elle est actuellement la valeur intrinsèque du caoutchouc de plantation comparativement à celle du para fine.

Au début, lorsque les plantations ne produisaient que des quantités infimes, le caoutchouc de plantation obtenait des prix d'environ 10/15 0/0 plus élevés que le para, parce que sa grande pureté, sa couleur uniforme et claire, jointe à son rendement énorme, permettent de l'employer tel quel pour usages spéciaux mais limités qui, tout en nécessitant une belle gomme, ne demandent pas une très grande élasticité. Les avis sont assez partagés au sujet de la question de savoir si l'élasticité du caoutchouc de plantation

égale celle du para sylvestre, ou si elle lui est inférieure.
D'aucuns affirment que son élasticité est inférieure parce
qu'il provient d'arbres relativement jeunes, tandis qu'au
Para l'on ne saigne que les vieux arbres; d'autres attribuent
cet inconvénient au mode de coagulation mis en usage
dans les plantations. En effet, le mode de coagulation mis
en usage dans l'Amazone ne peut s'appliquer aux quantités
de latex relativement minimes recueillies individuellement
et journellement sur des milliers de sujets en âge d'être
saigné dans les plantations.

Après qu'une légère addition d'eau est faite au latex afin
d'en retarder un peu la coagulation jusqu'au moment où
il arrive à l'usine, on active celle-ci au moyen d'une légère
adjonction d'acide acétique. Si celle-ci n'est pas faite
quantitativement et judicieusement, l'excès d'acide semble
enlever au caoutchouc une partie de son élasticité. A part
cela, le latex fourni par les Heveas en Extrême-Orient possède d'après les experts les plus compétents absolument
les mêmes qualités que celui du Para sylvestre. C'est donc
dans le mode de coagulation qu'il s'agit de rechercher la
solution qui mettra le caoutchouc de plantation absolument
sur la même ligne que le Para. Tous les efforts des spécialistes se portent en ce moment sur l'étude de cette question et il est permis d'entrevoir la solution de cet important
problème à bref délai. Les grands fabricants ne manque-
ront pas alors de transformer définitivement leurs machines
afin de pouvoir utiliser le nouveau produit aussi régulièrement que le Para, ce qui n'est pas encore le cas aujour-
d'hui, et c'est ce qui explique que la prime payée jadis pour
le caoutchouc provenant de plantations a disparu quoique
dans la fabrication ce produit continue à donner un rendement supérieur, comparativement au Para.

CHAPITRE VI

Les plantations Africaines. — Quelques appréciations sur le développement des plantations Congolaises. — Fluctuation des cours.

L'Afrique vient au second rang comme producteur de gomme élastique et c'est le Congo Belge qui en exporte la plus grande quantité.

Ne connaissant les plantations congolaises que par des publications spéciales, nous ne nous étendrons pas sur les débuts et le développement de ces cultures et exploitations.

En raison de la période transitoire que traverse actuellement le Congo Belge pour passer de l'ancien au nouveau régime, les exportations de caoutchouc, en 1910, ont quelque peu diminué. On évaluent ces exportations à 3.105.357 kgr. contre 3.492.332 kgr. Mais on escompte généralement que cette regression, ne sera que momentanée, surtout si l'initiative privée s'attache à tirer tout le parti possible des riches régions ouvertes à son activité commerciale.

Nous empruntons à la revue annuelle publiée par MM. Grisar et Cie les nombreux éléments d'appréciation qu'ils fournissent à ce sujet et nous en reproduisons les passages principaux.

Une des conditions du développement du commerce dans les territoires de la colonie est la mise à profit des dispositions prises par le Gouvernement belge.

Parmi ces dispositions, qui font l'objet d'un décret en date du 22 mars 1910, il est dit notamment que le caoutchouc des lianes peut actuellement être récolté au moyen d'incisions, d'entailles ou par la coupe de la plante. Toutefois, il est interdit de mutiler les racines et la tige principale dans la partie qui s'élève jusqu'à 1 m. 50 au-dessus du sol. En ce qui concerne le latex des arbres à caoutchouc il ne 'peut être récolté qu'au moyen d'incisions ou d'entailles pratiquées dans l'écorce du tronc sans pénétrer dans la région du cambium.

Il y a lieu de signaler, d'autre part, certaines modifications dans les cultures d'essences caoutchoutifères au Congo Belge.

Un certain nombre de plantations de lianes à caoutchouc ont été abandonnées, les dépenses nécessitées par leur entretien étant en disproportion avec les résultats que l'on peut en espérer. D'ailleurs, bon nombre de ces lianes ont atteint une hauteur telle, qu'elles dépassent la végétation herbacée qui forme généralement le sous-bois des forêts congolaises et que leur croissance ultérieure semble assurée. Ces plantations doivent plutôt être considérées comme des replantations effectuées en vue d'empêcher l'appauvrissement des forêts en essences caoutchoutifères et ne peuvent pas, à vrai dire, être considérées comme des plantations régulières.

Il ne sera plus donné d'extension à la culture de ces plantes, excepté dans certaines stations, à titre purement expérimental. La plantation, dans ce cas, sera faite en plein champ, et les lianes ainsi obtenues seront destinées à des essais d'exploitation par saignée et par broyage des écorces à l'aide de machines perfectionnées.

EN FORÊT. — A LA RECHERCHE DU CAOUTCHOUC

La culture de l'Hevea Brasiliensis recevra une grande extension dans la partie équatoriale du territoire et notamment, dans les districts de l'Equateur et des Bangala, où la chute des pluies est la plus abondante et la plus régulière. Il a été désigné jusqu'ici douze centres, dont cinq au Bangala et deux à l'Equateur. Trois missions parcourent en ce moment, ces derniers districts en vue d'étudier les emplacements les plus favorables à l'établissement de plantations d'Hevea.

Le choix de terrains convenables est une question des plus importantes : le rendement se ressentira sensiblement au Congo, de toute défectuosité dans l'emplacement choisi, la chute annuelle des pluies n'étant que modérée, même dans la région équatoriale.

D'assez grandes quantités de graines d'Hevea ont été importées de Ceylan. Un bon nombre d'Hevea plantés à Coquilhatville sont entrés en pleine fructification. Plus de 350.000 graines ont été récoltées et mises en pépinière au jardin botanique d'Eala ; leur germination a été très satisfaisante.

La culture du Manihot Glaziovii recevra de l'extension à la station de Bokala (Moyen-Congo). La croissance de cette espèce y est rapide et les essais d'extraction de latex effectués sur les arbres de 10 ans ont donné des résultats satisfaisants.

Certaines stations de l'Uclé se prêtent également à la grande culture de cette essence, le climat caractérisé par une saison sèche assez prononcée, qui semble favorable à la croissance du Manihot (Maniçoba).

Des essais d'extraction de latex effectués sur des Manihot Glaziovii ont donné des résultats satisfaisants et certains arbres soumis à des saignées régulières pendant quelques mois, ont donné plus d'un kilogramme de caoutchouc sec. Ces expériences sont continuées afin de connaître approximativement la production annuelle d'arbres d'un âge déterminé.

Le Funtumia Elastica, tout en se développant d'une manière très satisfaisante dans certaines régions de la colonie, semble présenter des difficultés assez considérables, en ce qui concerne l'exploitation régulière et suivie. En effet, cette espèce ne paraît pas posséder, à un si haut degré que l'Hevea Bralisiensis, la faculté de pouvoir subir des saignées répétées pendant une longue période. La production de latex pour la première saignée est de beaucoup supérieure à celle de l'Hevea, mais au bout de quelques jours, la sécrétion s'arrête. Le mode de saignée employé pour l'Hevea ne semble d'ailleurs pas convenir pour le Funtumia. Des saignées méthodiques sont entreprises, afin de déterminer le procédé le plus pratique pour l'exploitation de cet arbre.

Des expériences régulières ont déjà été faites à la station de Libenge (Ubangi) et les résultats sont encourageants : les quantités de caoutchouc obtenues sont cependant de beaucoup inférieures à celles obtenues par l'Hevea, ce qui était d'ailleurs à prévoir.

La qualité des gommes congolaises n'a rien laissé à désirer, et les lots reçus cette année maintiennent pleinement les résultats acquis précédemment.

Les espèces de plantations et sortes diverses ont rencontré, de la part des acheteurs, un grand engouement. Les prix réalisés représentent largement les parités des marchés étrangers.

Les résultats brillants des plus anciennes Sociétés de plantations en Extrême-Orient ont donné une nouvelle impulsion à cette culture qui a encore pris cette année un développement extraordinaire. Sans qu'il soit possible de déterminer d'une manière absolue qu'elle est, jusqu'à ce jour, l'étendue plantée, on peut, d'après les chiffres qui sont fournis par les experts les plus autorisés estimer

actuellement la superficie plantée à environ 776.000 acres
(2 1/2 acres = 1 hectare) soit :

Malaisie	295.000 acres
Ceylan	203.000 —
Indes Néerlandaises, Bornéo, Samoa et les Iles du Pacifique	105.000 —
Indes du Sud Burnah	28.000 —
Colonies allemandes	45.000 —
Mexique, Brésil, Afrique, etc.	100.000 —
Total	776.000 —

Quant au prix obtenu par le caoutchouc congolais, il a
de nouveau subi, des fluctuations invraisemblables, comme
d'ailleurs tout les caoutchoucs d'autres provenances. Il est
néanmoins intéressant de jeter un coup d'œil rétrospectif
sur les fluctuations des dernières années.

Le point de départ de cette situation troublée date de
février 1908 où, sous l'empire de l'état aigu de la crise
américaine, le Para touche 2/9 — le prix le plus bas
connu — mais une amélioration rapide ramène le prix de
5/1 à la fin de l'année. En 1909, l'amélioration de l'état des
affaires, et surtout l'évolution fantastique de l'industrie
automobile aux Etats-Unis détermine dès le début de l'année un véritable enlèvement de la marchandise qui touche
un moment 9/1 pour clôturer l'année à 7/6.

L'année en revue l'emporte de loin sur ses devancières
sous le rapport des soubresauts, puisqu'en avril les Américains poussent le Para jusqu'à 12/4 1/2 ; mais, depuis ce
moment, il a fallu déchanter et, grâce à l'abstention voulue
des acheteurs, les cours s'effritent lentement mais gra-
duellement — et nous clôturons l'année à 5/10, prix
auquel la consommation semble s'intéresser à l'article.

Les espèces congolaises ont été ballottées en sens divers pendant cette époque troublée, mais alors que le Para et les espèces plantation accusent une baisse d'environ 23 0/0 les espèces congolaises restent recherchées à des cours proportionnellement bien plus élevés tel qu'il ressort des cotations ci-après :

Espèces —	Fin décembre 1909 —		Fin décembre 1910 —		Fluc-tuation en 0/0 —
Kasai rouge]	14 75 à 14 37 1/2		13 50 à 13 75		— 4 34
Kasai rouge] (genre Loanda]])........	11 »	11 50	]1 50	]2 »	+ 4 34
Kasai noir ...	14 »	]4 37 1/2	]3 25	13 75	— 4 34
Gommes blanches (Equateur, Ikelemba, Lopori, etc.)....	14 75	15 »	13 25	13 75	— 8 33
Haut - Congo ordinaire	13 25	13 50	]2 25	12 67 1/2	— 6 11
Aruwimi-Uelé	13 25	13 50	12 50	13 »	— 2 70
Mangala lanières........	13 25	13 50	12 50	13 »	— 3 70
Congo Wamba rouge (caoutchouc des herbes)	9 »	9 70	10 25	10 75	+ 10 82
Para Fine....	7/2	7/6	5/9	5/9 1/2	— 22 77

Cependant contrairement à ce qui s'est produit en 1908 et en 1909, les ventes ont été cette année inférieures aux quantités arrivées en sorte que les stocks au 31 décembre 1910 accusent un léger accroissement.

Si nous avons donné ces quelques éléments d'appréciations sur les plantations congolaises, c'est afin que nos

lecteurs puissent se rendre compte que partout et de plus
en plus on développe la culture de l'arbre gommifère et que
aussi bien au Brésil, qu'en Asie, Malaisie et Afrique les
bénéfices à retirer de cette exploitation sont considérables.
Il est donc nécessaire d'encourager cette culture appelée
à rendre de si grands services à l'industrie.

CHAPITRE VII

Conclusion. — L'appui des grosses banques est nécessaire. — Facilités accordées aux chercheurs de caoutchouc.

La campagne industrielle bat son plein de novembre à fin mai. Quand ses besoins sont satisfaits, il y a une moindre demande et les prix ont généralement une tendance à faiblir. Après la hausse excessive de cette année, le fléchissement devait avoir inévitablement une amplitude peu commune.

En fait, il a été de 50 0/0. Il a dépassé celui qu'on attendait, parce que les hauts prix de la matière ont forcé beaucoup d'industries secondaires à restreindre ou à modifier leur fabrication, ont amené maints fabricants à faire des mélanges ou à augmenter la « charge », et finalement ont obligé toutes les industries qui emploient le caoutchouc à vivre au jour le jour sans constituer de stock-approvisionnant.

Ceci vient encore confirmer ce que nous avons dit précédemment a savoir que seule la spéculation régit le marché du caoutchouc. Ce qu'il faut c'est développer cette culture afin que l'offre réponde à la demande et ainsi éviter toutes ces fluctuations désastreuses.

Pour ce qui est des producteurs de caoutchouc de plantation ils n'ont aucun compte à tenir de la situation du marché à terme. Ils ont de la matière qui suivant un thème adopté, leur revient à 1 sh. 6 d. au maximum, et en la vendant 5 sh. la livre la marge est assez grande pour ne pas s'inquiéter du cours du Para. C'est d'une logique irréfutable. Notre but est donc de dire bien haut qu'il importerait à la Métropole et aux pays producteurs d'établir entre eux directement un commerce intense dont le caoutchouc fournirait les bases.

Mais nos grands établissements de crédit se considèrent comme des institutions d'Etat et ne veulent occuper leurs employés fonctionnaires qu'à des emprunts d'Etat. Quelque fois, cependant, on croit qu'ils vont sortir de leur réserve, qu'ils vont faire un léger accroc au protocole de leurs statuts en assurant quelque appui financier à un certain nombre d'entreprises individuelles. Dans ce but, ils envoient, chaque année, un peu en tous les points du globe des spécialistes, qui étudient un projet d'exploitation, l'exposent dans un volumineux rapport et adressent ce volumineux rapport au siège central à Paris. Généralement ce rapport n'est pas lu. On le fourre au fond d'un placard : il ne verra la lumière que, dans plusieurs mois, pour être brûlé, et ainsi faire place à d'autres rapports volumineux et inutiles.

Cependant on a vu dans les chapitres précédents combien il importerait à notre industrie Métropolitaine, qui a un si grand intérêt à obtenir du caoutchouc à prix raisonnable pour une qualité équivalente, à favoriser cette culture.

Dans ces conditions, il faudrait donc que la Haute Banque intervienne pour faciliter à nos compatriotes l'extraction de ces richesses, qu'un de nos distingués confrères a qualifié « d'or noir ».

Cependant nous devons à la vérité de reconnaître que déjà un de nos premiers établissements financiers de la place, la Banque de l'Union Parisienne, s'est fortement intéressée dans la Société financière des caoutchoucs.

Cette puissante Société, sorte de trust des caoutchoucs, n'exploite pas par elle-même ; elle se contente de s'intéresser dans les affaires caoutchoutières qu'elle juge appelées à donner de brillants résultats. Son portefeuille est garni actuellement de valeurs gommifères dont les dividendes atteignent 25 à 30 0/0 du capital.

Afin de donner une idée des facilités accordées aux chercheurs de caoutchouc nous donnons ci-dessous les lois votées par le Congrès législatif du Para, lois entrées en vigueur le 5 novembre 1909.

Le Gouverneur de l'Etat est autorisé à contracter avec une ou plusieurs compagnies nationales ou étrangères, pour la plantation et l'exploitation de la Seringueira (Hevea braziliensis), moyennant l'octroi des faveurs suivantes :

Concession de terres libres, jusqu'à vingt mille hectares, dûment limités, pour les travaux de culture de la compagnie ;

Réduction de l'impôt, sur l'exportation du caoutchouc de culture produit, de 50 0/0 pendant les dix premières années, à compter de la date de la première exportation ; de 30 0/0, à partir de là jusqu'au complément de la vingtième année ;

Réduction de 30 0/0 sur les tarifs du Chemin de fer de Bragance et sur les tableaux de fret des vapeurs des lignes de navigation subventionnées par l'Etat, pendant une période de vingt ans, pour le caoutchouc de culture produit par la Compagnie ;

Transport gratuit, par le chemin de fer de Bragance et par les vapeurs des lignes de navigation subventionnées par l'Etat, pour toutes machines et matériel appartenant à la Compagnie et destinés à l'installation de ses établissements ; pour les colons que la Compagnie voudrait établir sur ses terres, ainsi que pour les semences, engrais, plantes et animaux ;

Avance, à titre de garantie d'intérêts de 5 0/0 par an, sur les titres émis par la compagnie concessionnaire, jusqu'à concurrence de la moitié du capital réalisé.

Cette garantie, quelque soit le capital de la compagnie, ne sera pas payée sur l'excédent d'une somme de quatre cent mille livres sterling, même si le capital atteignait une somme de huit cent mille livres sterling ou son équivalent en papier monnaie.

En échange de ces avantages, la Compagnie s'engage :

1. A ne jamais planter moins de vingt mille pieds de seringueiras par an ;

2. A observer, dans ses cultures, les instructions de la Section d'Agriculture de l'Etat ;

3. A entretenir une école rurale élémentaire avec tous les aménagements nécessaires, pour y recevoir au moins vingt adolescents mineurs abandonnés et à créer un champ d'enseignement pratique de labourage mécanique, de culture expérimentale des plantes tropicales, d'expérience de fertilisation, etc., etc. ;

4. A se livrer à la culture accessoire du riz, maïs et haricot, en y apportant toutes améliorations mécaniques ;

5. A fournir une statistique annuelle exacte du nombre de plants réalisés, de l'état de culture et de la production générale du caoutchouc et autres denrées ;

6. A faire usage, pour les sacs, caisses et autres récipients servant à contenir les articles de sa production,

LE CAOUTCHOUC. — LA SAIGNÉE DE L'ARBRE

d'une marque dûment enregistrée par la Junte Commerciale, dans la forme de la loi ;

7. A permettre au Gouvernement l'inspection de tous les services établis par la Compagnie, de la manière et dans la forme que celui-ci jugera devoir déterminer.

L'avance, à titre de garantie des intérêts concédés par la présente loi, cessera dès que les bénéfices de la compagnie atteindront 6 °/₀ du capital engagé ; et, aussitôt qu'ils excéderont 7 °/₀, la Compagnie concessionnaire commencera à indemniser l'État des sommes prêtées, dans la proportion de 5 °/₀ sur la somme totale des avances qui lui auront été faites.

Aussitôt que l'entreprise commencera à réaliser des bénéfices, la garantie des intérêts sera complémentaire de façon à assurer le 6 °/₀ par an aux titres émis.

La concession des terres vacantes sera faite pour une période de 99 ans, à titre gratuit, ces terres devant faire retour au domaine de l'État, avec toutes les améliorations qui y auront été apportées, à l'échéance de cette emphytéose.

Tant que durera la garantie d'intérêts, la Compagnie ne pourra émettre, sans en avoir avisé le Gouvernement de l'État et sans avoir obtenu son consentement formel, d'autres actions ou obligations pour une somme supérieure au capital initial de l'entreprise.

Les statuts de la Compagnie devront être soumis à l'approbation du Gouvernement.

Pendant tout le temps que durera la garantie des intérêts, le Gouvernement de l'État aura le droit de nommer un des directeurs de la Compagnie.

Comme garantie de la concession, le Gouvernement pourra exiger le dépôt, au Trésor de l'État, des obligations de la Compagnie jusqu'à concurrence d'une somme représentant 10 °/₀ du capital engagé.

Les dividendes payés à ces titres seront encaissés par le Trésor de l'État et portés au crédit de la Compagnie.

Une fois l'État indemnisé du montant des avances, la Compagnie sera autorisée à retirer du Trésor les obligations qui, conformément à cet article, y avaient été déposées.

Les concessions accordées dans les termes de cette loi seront considérées comme annulées dans tous leurs effets et les terres et les améliorations réalisées feront retour à l'État, sans obligation d'indemnisation de la part de celui-ci, si après les deux premières années, à partir de la date du contrat, la Compagnie n'a pas planté, au minimum, quarante mille arbres de seringueiras en conditions de vitalité, et si elle n'a pas satisfait aux exigences les plus importantes de l'articles 2, sauf cas de force majeure, selon le jugement du Gouvernement.

Le Gouvernement de l'État s'efforcera d'obtenir du Gouvernement Fédéral, en faveur de la Compagnie, l'exemption des droits sur l'importation des machines et de tout le matériel nécessaire pour le labourage et la culture du sol.

Dans le contrat dressé avec la Compagnie concessionnaire, le Gouvernement sauvegardera tous les intérêts de l'État en établissant les clauses qu'il entendra préciser, en réglant la façon de peupler les terres concédées à cette Compagnie et en déterminant les époques où la garantie des intérêts sera payée.

Dans tous les cas, la garantie de 5 % correspondant à la première année ne sera payée qu'après que le Gouvernement aura vérifié si la Compagnie a commencé l'installation des services assurant l'effectivité de la concession.

Le Gouvernement ouvrira les crédits nécessaires pour subvenir aux dépenses occasionnées par cette loi.

Les pays se prêtant le mieux à la culture des arbres à

caoutchouc sont ceux situés dans les régions équatoriales, dans lesquelles les possessions anglaises sont si nombreuses, depuis l'Inde Méridionale et Ceylan avec Sumatra jusqu'à ses possessions Antillaises, voisines du Brésil. Il est donc naturel que l'Angleterre essaye de monopoliser en quelque sorte le marché du caoutchouc, puisqu'il est appelé à devenir un des plus gros producteurs de cette matière.

L'intérêt porté en Angleterre, par les hommes d'affaires aux entreprises de caoutchouc s'explique donc ainsi tout naturellement. Cet intérêt se manifeste par un capital d'environ 300 millions de francs engagés dans les affaires caoutchoutières, réparti sur plus de 500 Sociétés dont les exploitations se trouvent disséminées dans le monde entier.

Le public anglais, de son côté, a suivi avec empressement les dirigeants du marché dans cet ordre d'idées, non pas seulement par chauvinisme, mais parce que les affaires de caoutchouc sont véritablement incomparables.

Il n'existe pas d'industrie au monde donnant aussi sûrement des bénéfices dans une proportion élevée inconnue jusqu'ici, qu'il s'agisse d'industries minières, d'industries métallurgiques ou du commerce.

Notre apathie, notre indifférence commerciale, notre diminution progressive devant la montée forte et sûre de l'industrie Anglo-Allemande nous relèguent à l'arrière plan.

Français unissons-nous dans l'effort, guérissons-nous de cet individualisme ; à notre méthode de travail, à notre persévérance dans l'action, à notre admirable instinct de l'épargne, joignons cette qualité que les allemands possèdent en propre « *La préoccupation utile, l'intérêt supérieur de leur race.*

IMPRIMERIE VEUVE PIÉGOY, 101, RUE DES BOULETS, PARIS.

www.ingramcontent.com/pod-product-compliance
Ingram Content Group UK Ltd.
Pitfield, Milton Keynes, MK11 3LW, UK
UKHW020028100726
13658UKWH00003B/1179